Barbara Cratzius

Mein allerliebstes
Hasenbuch

Zeichnungen von Sigrid Gregor

*Liebe Simone, liebe Kathrin,
ein frohes Osterfest wünscht
Euch
    Eure Oma Martha.*

*Ostern 1993
Würzburg 11./12.04.93*

Loewe

Die Deutsche Bibliothek – CIP-Einheitsaufnahme

Mein allerliebstes Hasenbuch / Barbara Cratzius
Bilder von Sigrid Gregor.
1. Aufl. – Bindlach: Loewe, 1992
ISBN 3-7855-2469-2

ISBN 3-7855-2469-2 – 1. Auflage 1992
© 1992 by Loewes Verlag, Bindlach
Umschlagzeichnung: Sigrid Gregor
Umschlagkonzeption: Karin Roder, Eckersdorf
Satz: Teamsatz, Neudrossenfeld
Gesamtherstellung: Sebald Sachsendruck, Plauen
Printed in Germany

Inhalt

Topsi kennt tausend Tricks 9
Rätsel 11
Hasenlabyrinth 12
Die Geschichte vom kleinen Angsthäschen 13
Verhext! 16
Enzianblüten sind gefährlich 17
Abzählreime 19
Die sieben Schwaben und das gefährliche Ungeheuer
mit den langen Ohren 20
Besuch auf der Osterhasenwiese 23
Hasensommerfest im Klee 26
Wettlauf zwischen Hase und Igel 30
Wer ist das? 33
Wenn der Hasengroßpapa Geburtstag hat 34
Warum der Hase so lange Ohren hat 36
Jetzt reicht's! 38
Glück gehabt! 40
Abenteuer in der Osternacht 42

Topsi kennt tausend Tricks

„Alle herkommen!" ruft der Osterhasenpapa. „In zwei Wochen ist Ostern, und wir haben erst drei Körbe mit Eiern angemalt!"

Brav kommen Tilli und Mauzi, die fleißigen Hasenmädchen, und der große Bruder Hops angehoppelt.

Nur der freche Topsi macht mal wieder, was er will. „Ich muß erst mal meine Pinsel am Bach auswaschen!" ruft er, und schon ist er über alle Berge.

Topsi hoppelt vergnügt über die hohen Steine, mümmelt drei Kleeblätter und einen dicken Salatkopf ab und reißt eine gelbe Mohrrübe aus. Sein Hasenbauch ist kugelrund. Er kuschelt sich ins hohe Gras und zählt die Wolkenschafe. Und schon ist er eingeschlafen.

Der Bauer stapft mit seiner Sense durch die Wiese. Er will das hohe Gras schneiden. Auf einmal sieht er eine kleine weiße Blume neben dem Löwenzahn blitzen. „Schau' ich recht! Das ist ja ein richtiger Hase! Ein Osterhase! Da werden sich meine Kinder aber freuen und besonders die kleine Gerti. Ein Osterhase im Kaninchenstall zu Ostern! Das haben wir noch nie gehabt!" – Und schon hat der Bauer den kleinen Topsi bei den Ohren gepackt.

Topsi strampelt und zappelt, aber es nützt nichts.

Am Abend schaut er ganz traurig durch den Maschendraht vom Kaninchenstall in den Bauerngarten hinaus. „Wenn ich doch jetzt Eier anmalen könnte!" denkt er.

„O wie süß!" sagt plötzlich jemand vor seinem Gitterkäfig. Es ist die kleine Gerti. „Bist du wirklich der Osterhase? Kannst du Eier anmalen?"

„Aber klar doch!" ruft Topsi ganz laut. „Du mußt nur einen Korb mit Eiern bringen. Und rote, grüne, blaue und gelbe Farbe. Einen Pfotenpinsel hab' ich selber!"

Gerti läuft und bringt alles mit. Und dann malt Topsi mit den Pfoten die schönsten Muster auf die Eier.

„Toll!" ruft Gerti. „Ich schenk' dir auch zwei frische Salatköpfe!"

„Oh – darf ich die selbst aussuchen?" fragt Topsi.

„Aber du läufst auch bestimmt nicht fort?" fragt Gerti besorgt.

„Kommt nicht in Frage!" versichert Topsi und wird kein bißchen rot dabei.

Da öffnet Gerti die Stalltür – und wie der Blitz ist Topsi hinter dem Gartenzaun verschwunden.

Zuerst war die kleine Gerti traurig, weil ihr der Osterhase entwischt ist. Aber dann hat sie zu Ostern ein großes Nest mit bunten Eiern bekommen. Ein Ei hat richtige Pfotentupfer gehabt. Ob das wohl der Topsi gemalt hat?

Rätsel

„Was ist das?"
fragt Till, der kleine Has'.
Macht Männchen wie Till,
hält die Ohren ganz still.
Das Näschen, das wittert,
das Bärtchen, das zittert,
kann ganz tief sich ducken,
mit dem Schwänzchen dreimal zucken.
Alles wie bei Till.
Ob der andre mit ihm spielen will?
Sei nicht traurig, kleiner Has',
das ist nur ein Stück 🪞 im Gras!

Hasenlabyrinth

Auf dem Kleefeld ist heute viel los. Vier Hasenmännchen tanzen drei Hasenfrauen ihren lustigen Hasentanz vor. Drei Paare sind durch Bänder verbunden. Ein Hase bekommt keine Hasenfrau.
  Findest du den armen Junggesellen heraus?

Die Geschichte vom kleinen Angsthäschen
(frei erzählt nach einer Fabel von Äsop)

Es war einmal ein kleines Häschen, das hatte den ganzen Tag lang Angst. Morgens, wenn es aufwachte und eine Nuß aus dem hohen Nußbaum über ihm zu Boden kullerte, fuhr es erschreckt hoch. Mit einem langen Satz verschwand es hinter einem großen Stein.

Nach einer Weile kroch das Häslein zitternd hervor. Sein Näschen schnupperte in die warme Frühlingsluft. „Mmh – was ist das für ein leckeres Grünzeug!" dachte es und begann, genüßlich an den Mohrrübenblättern zu knabbern. Aber – o Schreck! – da streckte eine Schnecke dicht vor ihm die Fühler aus dem Häuschen heraus.

Sie wollte gerade guten Morgen sagen, da sprang das Häschen schon in hohem Bogen davon. Es duckte sich tief ins Gras.

Da entfaltete der erste Klee seine würzigen grünen Blätter dicht vor seiner Nase. Gerade wollte es mit seinen scharfen Zähnen hineinbeißen. Aber was war das? Igittigitt: kleine, flinke Käferbeine krabbelten über die roten Kleeblüten! Mit einem Satz seiner schnellen Hinterläufe jagte das Häslein davon.

Bis zum Waldrand rannte es in hohen Sätzen und schlug sogar ein paar Haken, damit die schwarzen Krabbeltiere es nicht erwischen konnten.

In der hohen Tanne saß die alte Eule. „Jeden Tag dasselbe, dummes Häslein! Wann wirst du endlich deine Angst verlieren!" heulte sie.

„Kannst du mir nicht einen Rat geben?" bat das Häslein. „Du weißt doch so viel!"

„Fang mit den kleinen Sachen an!" heulte die Eule. „Wenn du vor kleinen Tieren keine Angst mehr hast, dann wirst du dich auch vor den großen nicht erschrecken!"

„Vielen Dank!" sagte das Häslein. „Gleich heute will ich's versuchen!"

Es näherte sich vorsichtig dem langen Regenwurm, der sich über eine Ackerscholle schlängelte. Der Regenwurm beachtete das Häslein überhaupt nicht. Vorsichtig schnüffelte das Häschen an dem geringelten Ende des Wurms, und – siehe da – es hatte überhaupt keine Angst mehr.

Noch besser ging es mit den Käfern. Als das Häslein seine Pfote vorsichtig an einen großen schwarzen Hirschkäfer heranschob, stellte sich der Käfer sofort vor Schreck tot. Kein Krabbelfüßchen rührte sich mehr.

„Hurra, die andern Tiere haben ja sogar Angst vor mir!" rief das Häschen und machte einen Luftsprung vor Freude.

In hohen Sätzen jagte es an den Bachrand zurück. Aufgeschreckt plumpsten die Frösche ins Wasser. Da stellte das Häschen übermütig die Löffel hoch und trommelte mit den Hinterläufen auf dem großen Felsstein einen lustigen Hasentanz.

Auf einmal raschelte es im Gebüsch hinter ihm. Da saß

geduckt der rote Räuber, der hungrige Fuchs. Die Zunge hing ihm gierig aus dem Maul heraus. Schon holte er mit seiner Pranke aus und wollte das braune Langohr packen!

Da sprang das Häslein mit einem gewaltigen Satz in die Ackerfurche hinein, jagte vorwärts, schlug einen Haken und noch einen, bis es endlich den Verfolger abgehängt hatte. Zitternd duckte es sich in eine Grasmulde und dachte: „Ein Angsthase bin ich zwar nicht mehr! Aber manchmal tut ein bißchen Angst doch ganz gut!"

Verhext!

Hört – hört – hört!
Alles läuft heut ganz verkehrt!
Der Hase Hoppel schwimmt durchs Gras
und trinkt aus einem Gurkenfaß.
Das Häschen Pim am Morgen kräht
und ruft: „Wacht auf, es ist schon spät!"
Der Till springt wie ein Känguruh
und mauzt ein Hasenlied dazu.
Der alte Hasenopapa,
wißt ihr, was heut mit ihm geschah?
Der leckt sich seine Mähne,
bleckt wie ein Pferd die Zähne.
Die Hasenoma trägt 'nen Hut
und ruft: „Schaut her, der steht mir gut!"
Ihr lacht – ja, ja, ich bin schon still ...
das alles passiert nur am 1.

(April).

Enzianblüten sind gefährlich!

Hase Oskar ist ein
richtig frecher Schneehase.
Er wohnt hoch oben in
den Bergen. Sein Fell ist so
weiß wie der viele, viele
Schnee ringsum.
Oskar braucht sich im Winter
nur selten zu verstecken,
wenn die Adler hoch über ihm
kreisen. Er duckt sich dann
einfach tief hinein in den
weißen Schnee.
„Ich sehe was, was ihr nicht seht,
und das sieht weiß aus!" ruft er übermütig
den Krähen zu, die hungrig nach
Futter schreien.
Aber die Krähen wagen sich nicht an
den frechen Oskar mit den gefährlichen
Kratzepfoten!
„Hoppla, ich rutsche auf dem Po!" schreit er
laut, und schon ist er den Abhang bei den Tannen
heruntergerutscht. Na und was ist das? Da hat ihm
gerade das Eichhörnchen hoch in den Ästen eine
dicke Nuß auf den Kopf geworfen.
„Danke, du bist spitze!" ruft Oskar und läßt sich den
Kern schmecken.
„Aber du bist überhaupt nicht spitze mit deinem
langweiligen Fell!" ruft das Eichhörnchen. „In diesem Winter

ist Weiß doch aus der Mode! Rotbraun ist jetzt gefragt! Rotbraun wie mein langer, buschiger Schwanz oder himmelblau wie der Winterhimmel!"

„Himmelblau!" seufzt Oskar ganz entzückt. „Wenn ich doch himmelblaue Ohren und eine himmelblaue Blume hätte!"

„Nichts leichter als das!" ruft das Eichhörnchen. „Schau – da drüben am Bach! Da gucken schon die ersten Enzianblüten heraus! Such dir fünf Blüten, das ist 'ne Kleinigkeit! Dann bist du der schönste Hase weit und breit!"

Das läßt sich Oskar nicht zweimal sagen. Nichts wie hingewetzt und runtergemümmelt!

Horrido – was ist das? Ein Rucken – ein Ziehen, in den Ohren, am Schwanz!

Oskar hoppelt zum Bergbach. Er stellt die Ohren hoch: himmelblau! Super! Er dreht sich um. Das Schwänzchen: himmelblau!

„Toll, damit kann ich so richtig vor allen Hasenmädchen angeben!" denkt Oskar.

Plötzlich rauscht ein wilder Flügelschlag über ihm! Der große Adler vom Gletscherberg packt ihn mit seinen riesigen Fängen.

„Hilfe!" schreit Oskar – da ist er aufgewacht.

Und alles ist weiß an ihm, wollweiß, schneeweiß, wäscheweiß – weißer geht's nicht!

„Und so soll's auch bleiben!" ruft Oskar und macht drei riesenhohe Schneehopsersprünge.

Abzählreime

Osterhase,
Seifenblase
vor der Nase,
piks mir nicht hinein!
Und du mußt sein!

Henne muß die Eier brüten,
Hase muß die Eier hüten,
malt sie alle an,
und du bist dran!

Bimmel, bammel, beier,
Osterhas', mal Eier!
Ich guck' dir gerne dabei zu,
und ab bist du!

Sitzt ein Hase dort am Bach
unterm grünen Blätterdach,
frißt den Klee tagaus, tagein,
und du darfst rein!

Eins, zwei, drei,
die Wiese ist voll Heu,
der Has' knabbert vom Löwenzahn,
und du bist dran!

Die sieben Schwaben und das gefährliche Ungeheuer mit den langen Ohren

Vor langer Zeit zogen sieben tapfere Schwaben in der Welt umher.

Sie kamen auch an den Bodensee. An dessen Ufern sollte im Wald ein gefährliches Untier, ein Lindwurm oder ein Drache, hausen.

Sie hatten sich vorgenommen, das Land von dem Untier zu befreien.

Zuvor aber zündeten sie ein großes Feuer an, holten eine Kanne mit Wasser und bereiteten eine große Mahlzeit Spätzle zu. Sie wollten sich für den Kampf stärken.

Dann beratschlagten sie, wer an der Spitze ihres langen Spießes gehen sollte. „Der Hans, der ist mutig!" schrie Veit. – „Laßt den August vorne gehen!" rief Emil. – „Der Anton soll den Anfang machen!" rief Horst.

Schließlich griffen alle nach dem Spieß und schritten mutig durch das dichte Unterholz vorwärts.

Da saß auf einer Wiese ein Hase, machte Männchen und streckte die langen Löffel in die Höhe.

Die sieben Schwaben erschraken sehr.

Da schrie der hinterste, der Veit: „Stoß zu, da vorn! Oder hast du lahme Arme?"

„Nein", schrie der Hans, der ganz vorne stand, „der Teufel selber ist's, der da seine Ohren rausstreckt!"

„Wenn schon nicht der Teufel, so doch seine Mutter oder sein Stiefbruder!" rief der August. „Du Veit, geh voran, du hast so feste Stiefel an!"

Der Veit aber schrie vor lauter Angst: „Huhu – hehe – hauhau!"

Da erschrak der Hase und wetzte hakenschlagend durch das hohe Gras davon.

„Potztausend!" schrie der Hans. „Das Ungeheuer war ein Hase!"

„Ein Hase?" schrien die anderen. „Das war ein Ding wie ein Kalb! Wie ein Mastochse! Wie ein Elefant!"

„Nein", rief der Veit, „wenn das kein Has' war, fress' ich einen Besen! – Aber ein Bodenseehase war's! Und der ist größer und grimmiger als alle übrigen Hasen zusammen!"

Nachdem sich die sieben tapferen Schwaben von dem Schreck erholt und sich überzeugt hatten, daß das Seehasenungeheuer vertrieben war, erklärten sie: „Dies Abenteuer haben wir glücklich überstanden! Also laßt uns nach Hause ziehen und uns von unseren großen Taten ausruhen! Aber noch lange wird man von unserem Heldenmut berichten!"

Besuch auf der Osterhasenwiese
Spielideen für ein Würfelspiel zur Osterzeit

Für dieses Spiel braucht ihr Halma- oder Dominosteine je nach Anzahl der Spieler. Das Spielfeld findet ihr auf den nächsten Seiten! Gewürfelt wird einmal ringsum. Die gewürfelte Zahl muß genau ins Ziel führen. Für eure Wanderung sollt ihr euch ein bißchen stärken. Jeder, der eine 6 (oder 1) gewürfelt hat, darf einmal ins Ostereiernest langen, in dem selbstgebackene Osterkekse oder Ostereier liegen.

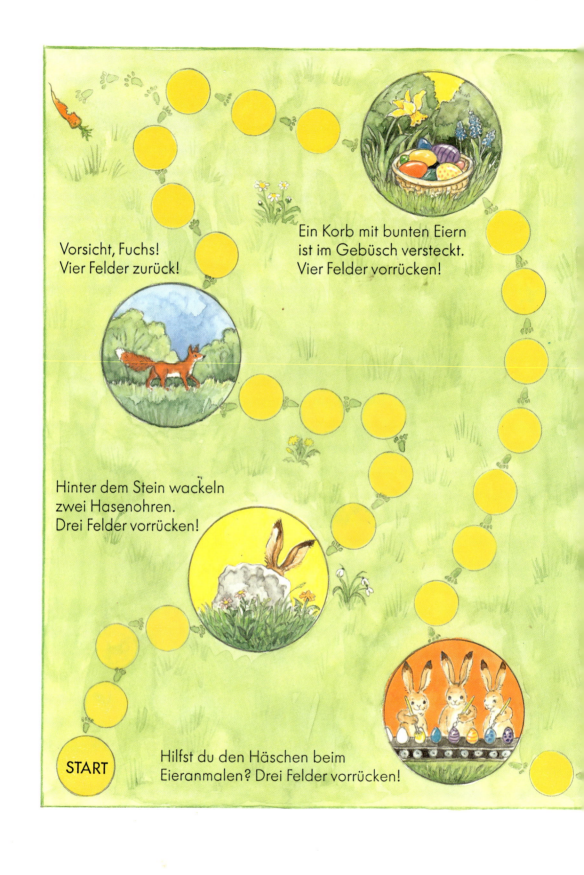

Hasensommerfest im Klee

„Kommt her zum Sommerfest im Klee!"
Der Has' ruft's durch die Rüben.
„Ihr kennt den Bootssteg doch am See,
wir treffen uns um sieben!"

Da wird ganz toll Musik gemacht,
der Frosch spielt hell die Flöte.
Und in der warmen Vollmondnacht
brummt tief den Baß die Kröte.

Der Heuschreck zirpt mit hellem Ton,
das Wildschwein spielt Trompete.
Der Fuchs, der holt das Saxophon,
ganz lustig wird die Fete.

Schon drehen sich im Walzerschritt
die Eule und der Biber.
Der alte Maulwurf macht nicht mit,
die Ruhe wär' ihm lieber!

Frau Waschbär schimpft: „Los, nicht so faul!
Ihr Kinder sollt euch waschen!"
Die Häschen lecken sich das Maul:
„Laßt uns vom Kohl doch naschen!"

Da rauscht mit schwerem Flügelschlag
vom Wald herzu Frau Eule.
Die Hasenkinder tanzen wild
mit Huhu und Geheule.

So geht es fort die ganze Nacht,
das Tanzen, Toben, Lachen.
Und bist du davon aufgewacht,
komm schnell, darfst auch mitmachen.

Wettlauf zwischen Hase und Igel

Ein Hase hoppelte vor Sonnenaufgang im Kohlfeld herum. Da traf er einen Igel. „Was machst du denn morgens so früh hier auf dem Feld?" fragte er.

„Ich gehe hier spazieren und gucke mir die schönen dicken Steckrüben an!" sagte der Igel.

„Spazieren?" sagte der Hase lachend. „Du kommst mit deinen kurzen, dicken Beinen ja kaum von der Stelle!"

„Das kommt auf einen Versuch an!" brummte der Igel wütend. „Bei einem Wettrennen würdest du den kürzeren ziehen!"

Der Hase schlenkerte wütend mit den Ohren und rief: „Morgen früh um acht hier in der Furche! Und wir wetten auf eine Flasche Wein, fünf goldene Taler und zehn frische Mohrrüben!"

Der Igel trippelte nach Hause und flüsterte seiner Igelfrau etwas ins Ohr. Die hielt sich den dicken Bauch vor Lachen.

Am nächsten Morgen trafen sich der Hase und der Igel in der Ackerfurche. Der Eichelhäher, der immer alles herausbekam, was sich in Feld und Wald abspielte, war auch schon da. „Auf die Plätze, fertig, los!" schnarrte er.

Wie der Wind sauste der Hase die Furche entlang. Der Igel trippelte nur ein paar Schritte vorwärts und lief dann wieder auf seinen Platz am Anfang des Kohlfeldes zurück.

Als der Hase am Ende des Kohlfeldes angekommen war, stand da die Igelfrau. Sie hatte die Pfoten über dem Bauch gefaltet und grinste: „Ich bin schon längst da!"

Der Hase stutzte. Dann drehte er sich um und sauste wie ein Wirbelwind wieder zurück. Als er am anderen Ende ankam, grinste ihm der Igel zwischen zwei Kohlköpfen entgegen und rief: „Ich bin schon längst da!"

„Das ist ja wie verhext heute morgen!" schrie der Hase. „Noch mal gelaufen!" Und er wetzte mit seinen langen Hinterbeinen noch schneller als zuvor.

Doch als er am Ende der Furche angekommen war, rief die Igelfrau höhnisch: „Ich bin schon da!"

Als die Sonne unterging, sank der Hase erschöpft bei dem großen Stein zwischen den Löwenzahnblüten ins Gras und stöhnte: „Hier hast du den Wein und die Taler und die Mohrrüben!"

Und seitdem haben sich die Hasen nie wieder auf einen Wettlauf mit den Igeln eingelassen. Oder habt ihr schon mal einen Igel mit einem Hasen laufen sehen?

Wer ist das?

Sitzt am Ackerrain,
putzt die Barthaare (fein),
kann Männchen machen,
daß die Kinder (lachen).
Stellt die Ohren in die Höh',
nascht vom süßen (Klee).
Hinter der Ackerkrume
blitzt die kleine weiße (Blume).
Ist das ein Hase
mit der Schnupper- (nase)?
Nein, was da hoppelt ganz geschwind,
das ist ein (Kaninchenkind).

Wenn der Hasengroßpapa Geburtstag hat

Der Hase Hoppla wird heut sieben,
er ist schon Hasengroßpapa.
Und zum Geburtstag – denkt euch nur –
sind 25 Hasen da!

Beim Kaufmann Fips, da holen sie
fünf Pinsel für den Großpapa,
und 100 Eier noch dazu!
Sag schnell, habt ihr das alles da?

Da flitzt der Enkel Max herbei
und ruft: „Hallo, du Großpapa!
Fürs Eiermalen schenk' ich nichts,
ich hab' für dich was Beßres da!

Soll am Geburtstag Großpapa
an all die blöden Eier denken?
Zehn Mohrrüben und viel Salat,
die will ich ihm heut schenken!"

Da lacht der alte Großpapa:
„Du suchst genau das Richt'ge aus!
Ich lade euch heut alle ein,
kommt abends zum Geburtstagsschmaus!"

Und Großmama, die Josefine,
schleppt ganz viel Hasenbier herbei.
Da feiern sie im Weidenbusch
Geburtstagsfest bis früh um drei.

Warum der Hase so lange Ohren hat
(frei erzählt nach einem Märchen aus Lettland)

Das ist eine lustige Geschichte. Hört zu, ich will sie euch erzählen.

Ein Hammel hatte sich mit einem kleinen Häschen angefreundet. Er sagte zu ihm: „Komm, wir beide bauen uns ein festes Haus! Wir werden uns schon gut vertragen!"

Das Häslein war einverstanden.

„Wir müssen uns feste Balken aus dem Wald holen!" sagte der Hammel. Als sie vor einem dicken Baum standen, rief er: „Den werfe ich in einem Anlauf um!"

„Das schaffst du nicht!" lachte das Häslein. „Ich glaube, du willst nur prahlen!"

Aber der Hammel nahm einen tüchtigen Anlauf und warf sich mit den Hörnern gegen den Baum. Krachend stürzte der Baum zu Boden.

„Aha", dachte der Hase, „so fällt man Bäume. Das wär' ja gelacht, wenn ich nicht auch zum Holzfäller taugen sollte!"

Sie gingen weiter und standen wieder vor einem schönen dicken Baum.

„Dieser Baum ist gerade geeignet für das Dach. Gleich werde ich ihn umwerfen!" rief das Häslein und nahm einen tüchtigen Anlauf.

Aber o weh, der Baum rührte sich nicht, nur der Kopf des Häsleins saß tief zwischen seinen Schultern.

Der Hammel wollte ihm helfen und rief: „Rühr dich nicht! Ich zieh' dir den Kopf an den Ohren wieder hoch!"

Er zog und zog. Da fing der Hase an zu jammern: „O weh, du reißt so an meinen Ohren! Das tut schrecklich weh! Ich will doch kein Hase Langohr sein!"

Jetzt reicht's!

So – jetzt reicht's!
Jedes Jahr muß ich mich wieder plagen!
Nein – so ein Streß in den Ostertagen!
Länger mach' ich das nicht mehr:
Pinsel raus, Tuschkasten her,
Eier gesucht, 1597 – o verflucht!
Meine Pfoten tun mir schon weh!
Da sitze ich nun hier unten am See,
tunk' den Pinsel ins Wasser,
mach' die Farben noch nasser,
leg' die Eier in den Sand,
und dann geht's wie am Fließband:
Diese zehn werden blau,
jene 21 macht gelb meine Frau,
hier werden Muster aufgemalt
und blank poliert, daß die Schale strahlt.
Jetzt kommen noch 100 in Violett,
ach, reich mal den Korb her, sei doch so nett!
Was ist denn mit Fritzi und Fränzchen los?

„Halt still", rief der Hammel, „der Kopf muß doch wieder herausgucken!"

Endlich hatte er genug gezogen, der Kopf des Hasen saß wieder an der richtigen Stelle. Aber die Ohren waren ganz lang geworden!

Das könnt ihr noch heute am Waldrand beobachten, wenn ihr ganz leise seid. Da streckt das Häslein lauschend seine langen braunen Ohren hoch, und wenn ihr näher herangeht, wupp! ist es im Unterholz verschwunden.

Packt zwischen die Eier doch ganz viel Moos!
Sonst geht die Hälfte noch entzwei,
und die Kinder kriegen Rührei.
Das wäre doch schade um die schöne Schokolade!
So – meine Häschen, guckt nicht so dumm,
jetzt häng' ich euch die Körbe um!
Die tragt ihr fein in alle Häuser hinein!
Nein, wartet noch – hiergeblieben!
Ich habe noch 995 Briefe geschrieben.
Die steck' ich oben in die Kiepen hinein!

„Im nächsten Jahr zum Osterfest
malt ihr Menschenkinder die Eier allein
für euer grünes Osternest!
Glaubt nicht, daß wir die noch mal verstecken,
die großen, die kleinen, im Gras bei den Hecken!
Dann schließ' ich die Hasenhöhle zu,
und meine Familie hat endlich mal Ruh –
und ich dazu."

Glück gehabt!

Hase Hoppel ist heute den ganzen Tag mit den Freunden im Kleefeld herumgetollt. Sie haben stundenlang Fußball gespielt. Nun ist Hoppel so müde, daß er mitten im Klee eingeschlafen ist. Da hat ihn der Bauer bei seinen langen Ohren gepackt und in den Kaninchenstall gesperrt. Zum Glück hat er den Maschendraht durchbeißen können und ist dann auf den Acker gehoppelt.

Wenn du die Bilder in die richtige Reihenfolge bringst und die Buchstaben liest, weißt du, was Hoppel gerade auf dem Acker genüßlich verspeist.

oh

rü

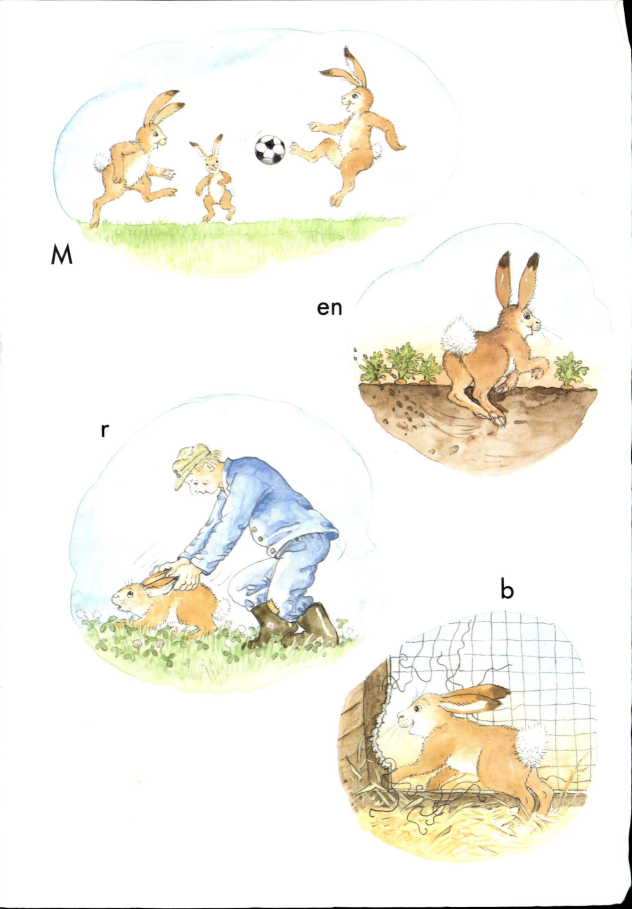

M

en

r

b

Abenteuer in der Osternacht

„Morgen dürft ihr ganz früh aufstehen und Ostereier suchen!" sagt die Mutter. „Aber jetzt müßt ihr reinkommen, es wird schon dunkel!"

Tammi und Michael sammeln ihre Spielsachen ein. Tammi zieht den Teddy hinter sich her. Michael holt die kleinen Autos aus der Sandkiste. Nur an den Plüschhasen Hops denkt keiner mehr. Der ist hinter die Sandkiste gefallen.

In der Osternacht fängt es an zu regnen, ein warmer,

feiner Frühlingsregen. Hops merkt, wie ihm die Ohren voll Wasser laufen. Die kleine weiße Blume ist mit feuchter Erde vollgeschmiert. „Und das soll Ostern sein!" denkt er. „Gemein, Tammi hat nur noch Augen für den neuen Teddy!"

„Nicht verzagen, Hippel fragen!" flüstert es auf einmal neben ihm. Vor Hops sitzt ein kleiner, brauner Hase. Ganz lebendig, ganz echt! Die Ohren wackeln, die Blume wippt. Er streicht dem Hops dreimal mit der Pfote über das nasse Fell. „So, nun bist du trocken!" flüstert er. „Komm, wir sausen los!"

„Wart, ich kann nicht so schnell!" prustet Hops ganz außer Atem.

„Ja, unsere Hasenfamilie ist sehr sportlich!" sagt Hippel grinsend. „Das hat uns der Hasenvater beigebracht! Der paßt auf, daß wir nach dem Eiermalen auch ordentlich die Beine strecken, dreimal Männchen machen und Verstecken und Fangen spielen. Guck mal da vorn! Da geht's schon los!"

Hops macht große Augen. Auf der Osterhasenwiese stehen viele Körbe voll mit buntgemalten Eiern. Einige Häschen sind schon fleißig bei der Arbeit. Drüben am Bach schießen andere Hasenkinder Kobolz und üben Seilspringen. Zwischen zwei Steinen steht der Hasengroßpapa im Tor. Jeden Ball wehrt er ab.

„Ach, laß mich mal ein Tor schießen!" bettelt Hops. „Ich hab' immer genau zugesehen, wie der Michael kicken und querschießen kann." Rums – da saust der Ball genau zwischen Hasengroßpapas Beinen hinein ins Tor.

„Hurra, du mußt bei uns bleiben!" rufen die Hasenkinder.

„Würd' ich gern machen, aber was würden Tammi und Michael morgen früh sagen!" ruft Hops.

„Morgen früh? Heute früh!" ruft Hippel. Strahlend geht die Ostersonne auf. „Ich geb' dir ein paar Eier mit!" flüstert Hippel.

Als Tammi und Michael in den Garten laufen, steht der Plüschhase Hops aufrecht im Sand, und um ihn herum liegen viele bunte Ostereier.

„Du, Hops, du bist ja ein richtiger Osterhase!" ruft Tammi und drückt ihr Häschen fest an sich.

Die Autorin

Barbara Cratzius war viele Jahre als Lehrerin tätig, bevor sie zum Schreiben kam. Seit zehn Jahren veröffentlicht sie Bilder- und Kinderbücher, die in zahlreichen Verlagen erschienen sind. Ihre Kindergarten-Handbücher gehören mittlerweile zu den Standardwerken für die Praxis. Barbara Cratzius ist verheiratet und Mutter eines Sohnes. Sie lebt mit ihrer Familie in der Nähe von Kiel.

Die Illustratorin

Sigrid Gregor wurde im Mai 1945 in Krummau/Moldau geboren und ist in Hannover aufgewachsen. Nach dem Studium arbeitete sie zunächst als Kunsterzieherin; seit etwa zehn Jahren ist sie als freischaffende Illustratorin tätig.